EL EVANGELIO GNÓSTICO DE TOMÁS

Editorial Creación

Si este libro le ha gustado y desea más información sobre
nuestras publicaciones, puede consultar nuestra web:
www.editorialcreacion.com, donde encontrará amplia
información actualizada y podrá descargarse nuestro
catálogo, el índice y un extracto de algunos de nuestros
títulos.

Traducción: Jesús García-Consuegra González

© Editorial Creación
   Jaime Marquet, 9
   28200 - San Lorenzo de El Escorial (Madrid)
   Tel.: 91 890 47 33
   E-mail: oficina@editorialcreacion.com
   www.editorialcreacion.com

Imagen de cubierta: *Tomás toca la herida de Jesús para conven-
cerse de que este ha resucitado;* retablo de Duccio de la catedral
de Siena, Italia, siglo XIV

Diseño de cubierta: Mejiel
Primera edición: junio de 2013

ISBN: 978-84-15676-21-8
Depósito Legal: M-14516-2013

ÍNDICE

INTRODUCCIÓN

El Evangelio de Tomás no es un Evangelio como los canónicos, que nos cuentan la vida y obra de Jesús. Este consta más bien de una colección de 114 dichos o *logión* atribuidos a Jesús sin incluirlos en un orden o contexto lógico. Se podría decir que muchos de estos dichos proceden de la misma fuente que aquellos que se pueden leer en los evangelios canónicos, aunque la interpretación, en base a todo el contexto de la obra, hay que hacerla desde el punto de vista del movimiento gnóstico, ya que se puede apreciar la poca importancia que le daban, por ejemplo, a los hechos históricos y, en cambio, sí destacan el lado esotérico: supuestas revelaciones secretas de Jesús a sus discípulos.

Este Evangelio ya existía en la antigüedad, pues fueron conocidos por los padres de la Iglesia. Orígenes lo menciona y Clemente de Alejandría llega a citar el dicho nº 2:

Jesús dijo: «El que busca no debe dejar de buscar hasta que no haya encontrado. Y cuando encuentre quedará perturbado, y tras su perturbación se asombrará y reinará sobre todo el universo».

Los 114 dichos de este Evangelio, escritos en copto, se han conservado hasta nuestros días gracias al descubrimiento en Nag Hammadi, en el año 1945, de la Biblioteca Gnóstica, compuesta por trece códices de papiro encuadernados en cuero y encerrados en vasijas de greda selladas, hallados por casualidad por unos campesinos.

Medio siglo antes de este importante hallazgo en Nag Hammadi se descubrieron unos fragmentos de papiro, escritos en griego, en la ciudad egipcia de Oxyrhynchus referentes a este Evangelio apócrifo, aunque no se le dio mucha importancia hasta el descubrimiento de la versión copta en Nag Hammadi, que ofreció, al parecer, el texto completo.

Guilles Quispel, historiador de la religión en Utrecht, en los Países Bajos, era un gran conocedor de los fragmentos hallados en Oxyrhynchus, pero, al leer por primera vez el Evangelio de Nag Hammadi, no podía dar crédito a sus ojos, pues leyó en la primera línea:

«Estos son los dichos secretos que pronunció Jesús el Viviente y que el mellizo Judas Tomás puso por escrito».

Estas palabras nuevas encontradas en el texto completo del Evangelio de Tomás le plantearon a Quispel dudas sobre su autor: ¿Tenía Jesús un hermano gemelo, como aseguraba el texto? Si fuera así, estaríamos ante una crónica auténtica de las palabras de Jesús.

El texto data aproximadamente del siglo III o IV, aunque el original es, probablemente, mucho más antiguo y habría sido escrito entre el siglo I y el siglo II (años 50-125 d. C.). Pero, como el lector puede suponer, estas fechas están sujetas a discusión y debate.

Algunos exegetas sostienen que se trata de un Evangelio original, anterior a los canónicos y debe de haber sido escrito partiendo de una tradición oral, pues así lo confirma su consideración en el siglo I como fuente de autoridad.

Sea como fuere, algunos de los dichos atribuidos a Jesús en este evangelio tienen un tremendo parecido con los que se pueden leer en los cuatro evangelios canónicos, pero hay otros nuevos que nos sorprenden por su profundo significado espiritual, lo que, sin duda, aporta una gran riqueza a los primeros y nueva luz para entenderlos mejor.

No se sabe por qué no llegó a conservarse ninguna copia a través de los siglos, pero seguramente tendrá mucho que ver la polémica entre los gnósticos y la llamada iglesia primitiva. Los textos religiosos gnósticos proponían interpretaciones diferentes a los oficiados en su tiempo, y fueron declarados heréticos. A partir de la conversión de Constantino al cristianismo, la mera posesión de un libro herético se consideraba delito y los ejemplares encontrados se destruían. Por eso, probablemente, los libros encontrados en Nag Hammadi, entre los que se encontraba *El Evangelio de Tomás,* se apartaron de la circulación y fueron escondidos por los seguidores del movimiento gnóstico en las vasijas de barro en las que fueron hallados en 1945.

El manuscrito completo de *El
Evangelio de Tomas* encontrado en
1945 ocupa los folios 32 a 51 del
códice II de los 13 que componen la
biblioteca encontrada en Nag Hammadi, y se encuentra actualmente en
el Museo Copto del Antiguo Cairo,
en Egipto.

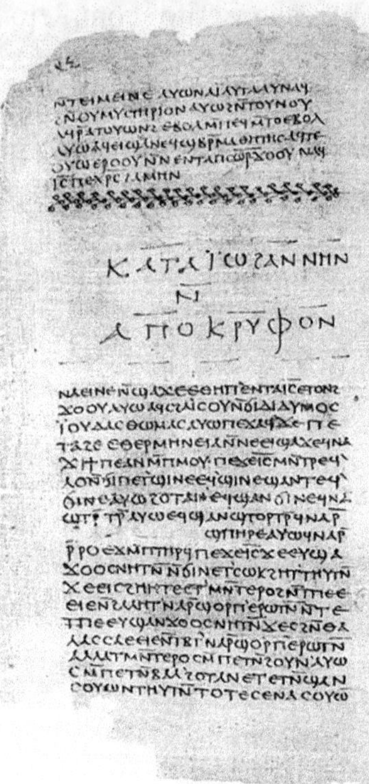

Biblioteca de Nag Hammadi. Códice
II, folio 32, principio del Evangelio de
Tomás

EL EVANGELIO GNÓSTICO DE TOMÁS

Estos son los dichos secretos que pronunció Jesús el Viviente y que el mellizo Judas Tomás puso por escrito [1].

1. Él dijo: «Quien halle el sentido de estas palabras no probará la muerte».

2. Jesús dijo: «El que busca no debe dejar de buscar hasta que no haya encontrado. Y cuando encuentre, quedará perturbado; y tras su perturbación, se asombrará y reinará sobre todo el universo».

---

[1] Se identifica, al supuesto autor de este Evangelio, con un hermano gemelo de Jesús. Podemos encontrar esta referencia también en el Evangelio canónico de San Juan, donde Tomás es llamado en tres ocasiones Dídimo, que en griego significa *mellizo*.

3. Jesús dijo: «Si vuestros guías os dijeren: *He aquí, el Reino está en el cielo*, entonces las aves del cielo llegarán allí antes que vosotros. Y si os dicen: *Está en la mar*, entonces los peces llegarán antes que vosotros. Mas bien el Reino está dentro de vosotros y fuera de vosotros.

»Cuando os conozcáis a vosotros mismos, entonces seréis conocidos y comprenderéis que sois hijos del Padre Viviente. Pero si no os conocéis a vosotros mismos, entonces vivís en la pobreza y también la encarnáis».

4. Jesús dijo: «No dudará un anciano de gran edad en preguntar a un niño pequeño acerca del lugar de la vida, y esta persona vivirá.

»Pues muchos primeros serán los últimos y terminarán siendo uno solo».

5. Jesús dijo: «Reconoced lo que está en frente de vuestra vista y se os hará claro lo que se os oculta.

»Pues nada hay escondido que no llegue a ser revelado».

6. Sus discípulos le preguntaron: «¿Quieres que ayunemos? ¿ De qué manera tenemos que orar y dar limosna, y qué hemos de observar respecto a la comida?».

Jesús dijo: «No mintáis ni hagáis lo que no os gusta. Porque para el cielo todo está claro, ya que nada hay oculto que no vaya a ser revelado y nada escondido que no pueda ser descubierto».

7. Jesús dijo: «Bienaventurado el león que al ser ingerido por un humano se hace hombre. Maldito el humano que se deja comer y devorar por un león y éste se hace humano».

8. Dijo: «El hombre se parece a un sabio pescador que lanzó su red al mar y la sacó de él llena de peces pequeños. Pero entre ellos encontró un pez grande y bueno. En vista de lo cual arrojó todos los peces pequeños al mar y eligió sin dudarlo el pez grande».

9. Jesús dijo: «He aquí que el sembrador fue, tomó unas cuantas semillas y las esparció. Algunas cayeron en el camino y vinieron los pájaros del cielo y se las llevaron. Otras cayeron sobre la piedra y no echaron raíces en la tierra ni hicieron germinar espigas hacia el cielo. Otros cayeron entre espinas, las cuales estrangularon a las semillas y el gusano se los comió. Otros cayeron en buena tierra dando una buena cosecha. Llegaron a producir sesenta y ciento veinte veces por medida».

10. Jesús dijo: «He lanzado fuego sobre el mundo y, mirad, lo mantengo hasta que arda».

11. Jesús dijo: «Este cielo y el que está encima de él pasarán.

»Los muertos no viven ya, y los que están vivos no morirán.Cuando estabais comiendo lo que estaba muerto, le dabais vida; ¿qué vais a hacer cuando venga a vosotros la iluminación?».

«El día en que erais uno, os hicisteis dos; después de haberos hecho dos, ¿qué haréis?».

12. Los discípulos dijeron a Jesús: «Sabemos que tú nos dejarás; ¿quién va a ser el mayor entonces entre nosotros?» Jesús les dijo: «Dondequiera que estéis juntos, dirigíos a Santiago el Justo, por quien el cielo y la tierra fueron creados».

13. Jesús dijo a sus discípulos: «Comparadme con algo y decidme a quién me parezco».

Simón Pedro le dijo: «Eres comparable a un ángel justo».

Mateo le dijo: «Eres semejante a un filósofo sabio».

Tomás le dijo: «Maestro, mi boca es absolutamente incapaz de decir a quién te pareces».

Respondió Jesús: «Yo ya no soy tu maestro, ya que has bebido y te has embriagado del manantial que yo mismo he tendido».

Luego tomó a Tomás, se retiró y le dijo tres cosas. Cuando Tomás se volvió al lado de sus compañeros, ellos le preguntaron: «¿Qué te ha dicho Jesús?».

Tomás les dijo: «Si yo os contase una sola cosa de las que me ha dicho, cogeríais piedras y me las arrojaríais: entonces saldría un fuego de ellas que terminaría por abrasaros».

14. Jesús les dijo: «Si ayunáis, atraeréis el pecado sobre vosotros. Si hacéis oración, seréis condenados. Si dais limosnas, dañaréis vuestros espíritus.

»Cuando vayáis a cualquier país y caminéis de aquí para allá, si la gente os recibe, comed lo que os presenten y curad a sus enfermos.

»Pues lo que entra por vuestra boca no os contaminará, mas lo que sale de vuestra boca, eso sí que os contaminará».

15. Jesús dijo: «Cuando veáis a aquel no nacido de mujer, postraos sobre vuestro rostro y adoradle: Es vuestro padre».

16. Jesús dijo: «Quizá la gente piensa que he venido a traer paz al mundo, y no saben que he venido a traer discordia sobre la tierra: fuego, espada, guerra.

»Pues cinco habrá en casa: Tres estarán contra dos y dos contra tres. El padre contra el hijo y el hijo contra el padre. Y todos ellos se quedarán solos».

17. Jesús dijo: «Yo os daré lo que no ha visto ningún ojo, no ha escuchado ningún oído, no ha tocado ninguna mano y en ningún corazón humano ha penetrado».

18. Los discípulos dijeron a Jesús: «Cuéntanos cómo vendrá nuestro fin».

Jesús respondió: «¿Habéis acaso descubierto ya el principio para que preguntéis por el fin?

»Sabed que donde se encuentre el principio, allí estará también el fin. Bienaventurado aquel que se encuentra en el principio: él conocerá el fin y no probará la muerte».

19. Jesús dijo: «Bienaventurado aquel que ya existía antes de llegar a existir.

»Si os hacéis mis discípulos y escucháis mis palabras, estas piedras os servirán.

»Pues cinco árboles hay en el paraíso para vosotros. Ni en verano ni en invierno se mueven; su follaje no cae: quien los conoce no probará la muerte».

20. Los discípulos le dijeron a Jesús: «Dinos a qué es semejante el reino de los cielos».

Les dijo: «Es semejante a un grano de mostaza, la más pequeña de todas las semillas. Pero cuando cae en buena tierra crece, haciéndose una planta grande, y se convierte en refugio para las aves del cielo».

21. Dijo María a Jesús: «¿A quién se parecen tus discípulos?».

Él dijo: «Se parecen a unos niños que se han acomodado en un campo que nos es suyo. Cuando vengan los dueños del campo les dirán: *Devolvednos nuestro terreno*. Ellos se lo devolverán y se sentirán desnudos en su presencia al tener que irse de allí».

Por eso os digo: «Si el dueño de la casa sabe que va a venir un ladrón, se pondrá en guardia antes de que llegue y no permitirá que éste entre en la casa de su propiedad y se lleve sus posesiones.

»Vosotros estad también alerta y guardaos del mundo. Ceñid vuestros lomos con fortaleza y preparaos para la acción, para que los ladrones no puedan penetrar y encuentren cerrado el paso hacia vosotros; pues si no las dificultades que esperáis se materializarán.

»Quiera Dios que haya entre vosotros un hombre con sabiduría suficiente para que, cuando la cosecha esté lista, acuda rápidamente con una hoz en la mano y la siegue. El que tenga oídos para oír, que escuche».

22. Jesús vio unos bebés que estaban siendo amamantados. Dijo a sus discípulos: «Estos bebes que ma-

man se parecen a quienes entran en el reino de los cielos».

Ellos le dijeron: «¿Entonces nosotros, si nos hacemos pequeños, podremos entrar en el Reino como los bebés?».

Jesús les dijo: «Cuando hagáis que los dos sean uno, cuando hagáis lo interior como lo exterior; y lo exterior como lo interior; y lo de arriba como lo de abajo. Cuando hagáis de lo masculino y lo femenino una cosa sola, de manera que lo masculino deje de ser masculino y lo femenino deje ser femenino; cuando hagáis ojos en lugar de un ojo y una mano que reemplace la mano y un pie que sustituya el pie y una imagen que reemplace la imagen, entonces podréis entrar en [el Reino]».

23. Jesús dijo: «Yo os elegiré uno entre mil y dos entre diez mil, y éstos serán como uno solo».

24. Sus discípulos dijeron: «Muéstranos el lugar donde vives, pues deseamos encontrarlo».

Les dijo: «El que tenga oídos, debe escuchar: en el interior de un hombre lleno de luz hay siempre luz, por lo cual él ilumina todo el mundo; si su luz no brilla, hay tinieblas».

25. Jesús dijo: «Ama a tu hermano como amas a tu alma; protégele como si fuera la pupila de tus ojos».

26. Jesús dijo: «Ves la paja que está en el ojo de tu hermano, pero no ves la viga en tu propio ojo. Cuando hayas quitado la viga de tu ojo, entonces verás de sacar la paja del ojo de tu hermano».

27. Jesús dijo: «Si no os abstenéis del mundo, no encontraréis el Reino; si no guardáis el Sábado como un Sábado, no veréis al Padre».

28. Jesús dijo: «Estuve en medio del mundo y me mostré a ellos en carne. Los encontré a todos borrachos y no encontré a ninguno con sed. Mi alma sintió dolor por los hijos de los hombres, porque son ciegos en sus corazones y no ven que han venido vacíos al mundo y vacíos intentan otra vez salir de él.

»Pero ahora están borrachos, cuando estén sobrios se arrepentirán».

29. Jesús dijo: «Que la carne sea hecha por el espíritu es sorprendente; pero el que el espíritu puede llega a ser gracias al cuerpo, sería más sorprendente.

Sin embargo, yo me maravillo de cómo esta gran riqueza ha venido a alojarse en esta pobreza».

30. Jesús dijo: «En cualquier lugar donde hubiese tres dioses, dioses son. Dondequiera que haya dos o uno, a su lado estoy yo».

31. Jesús dijo: «Ningún profeta es aceptado en su ciudad natal. Ningún médico cura a familia o amigos».

32. Jesús dijo: «Una ciudad construida y fortificada sobre una montaña elevada no puede caer ni ocultarse».

33. Jesús dijo: «Lo que escucháis con los oídos, pregonadlo desde vuestros tejados.

»Pues nadie enciende una lámpara y luego la pone bajo una cesta o en una esquina escondida, sino que la pone sobre el candelero para que todos los que vayan y vengan vean su luz».

34. Jesús dijo: «Si un ciego guía a otro ciego, ambos caerán en el hoyo».

35. Jesús dijo: «No se puede entrar en la casa del fuerte y tomarla por la fuerza a menos que antes logre atarle las manos. Después sí podrá saquear su casa».

36. Jesús dijo: «No os preocupéis desde la mañana hasta la noche y desde la noche hasta la mañana [pensando en vuestra comida: qué vais a comer, o sobre vuestro vestido]: qué os vais a poner [vosotros sois mejor que los lirios, que ni trabajan ni hilan.

»Y ¿Cuándo no teníais vestido, que os pusisteis? ¿Quién puede aumentar su estatura? Ese mismo os dará el vestido.]

37. Sus discípulos dijeron: «¿Cuándo te aparecerás a nosotros y cuándo te vamos a ver?».

Jesús dijo: «Cuando dejéis vuestra vergüenza, cuando toméis vuestros vestidos y los pongáis bajo vuestros pies como niños pequeños y los pisoteéis, entonces veréis al Hijo del Viviente y no tendréis miedo».

38. Jesús dijo: «A menudo deseáis escuchar estos dichos que os cuento en este momento y solo podéis escucharlos de mí. Vendrán días en que me buscaréis pero no me encontraréis».

39. Jesús dijo: «Los fariseos y los escribas han recibido las llaves del conocimiento y las han ocultado. No han entrado ellos ni han dejado que entrasen los que deseaban entrar.

»Pero vosotros sed cautos como las serpientes y sencillos como las palomas».

40. Jesús dijo: «Una cepa ha sido plantada fuera del Padre y, como ha arraigado sin fuerza, se arrancará de raíz y morirá».

41. Jesús dijo: «A quien tenga algo en sus manos se le dará y tendrá más. A quien nada tiene, incluso lo poco que tiene, se le quitará».

42. Jesús dijo: «Sed peregrinos».

43. Sus discípulos le dijeron: «¿Quién eres tú para decirnos estas cosas?».

Jesús respondió: «Tomando como base lo que os estoy diciendo, ¿no sois capaces de saber quién soy?

»Sois semejantes a los judíos, pues éstos aman el árbol pero odian su fruto y aman el fruto pero odian el árbol».

44. Jesús dijo: «A quien blasfeme contra el Padre, se le perdonará, y a quien blasfeme contra Hijo, se le perdonará también. Pero a quien blasfeme contra el Espíritu Santo no se le perdonará ni en la tierra ni en el cielo».

45. Jesús dijo: «No se recogen uvas de los espinos ni higos de los arbustos, ya que éstos no dan ningún fruto.

»Un buen hombre saca cosas buenas de su tesoro. El hombre malo saca cosas malas del tesoro de maldad que tiene en su corazón y iniquidades, pues de la abundancia del corazón impío produce él la maldad».

46. Jesús dijo: «Desde Adán hasta Juan el Bautista no hay entre los nacidos de mujer nadie que sea mayor que Juan el Bautista, como para no tener que inclinarse ante él.

»Pero yo os digo que cualquiera de vosotros que se haga como un niño pequeño, conocerá el Reino y llegará a ser mayor que Juan».

47. Jesús dijo: «Un hombre no puede montar dos caballos y tensar dos arcos.

»Un esclavo no puede servir a dos señores, porque más bien honrará a uno y despreciará al otro.

»Ningún hombre que haya bebido el vino viejo le apetece después beber el nuevo. El vino nuevo no se echa en odres viejos, pues éstos se pueden resquebrajar,

»Ni tampoco se remienda una prenda nueva con un parche viejo, porque se desgarrará».

48. Jesús dijo: «Si dos personas hacen la paz bajo un mismo techo, después que la hayan hecho dirán al monte: *¡muévete de aquí!* Y éste se moverá».

49. Jesús dijo: «Bienaventurados los que estáis solos y los elegidos, pues vosotros encontraréis el Reino, ya que habéis venido de él y a él volveréis de nuevo».

50. Jesús dijo: «Si os hacen la pregunta: *¿De dónde habéis venido?* Decidles: *Nosotros hemos venido de la luz, del lugar donde la luz se originó por sí misma.*

»Si os hacen esta pregunta: *¿Quién sois?* Decidles: *Somos sus hijos y hemos sido elegidos por el Padre Viviente*.

»Si os preguntan: *¿Cuál es la señal que lleváis de vuestro Padre en vosotros? Decidles: Es el movimiento y el reposo»*.

51. Sus discípulos le dijeron: «¿Cuándo tendrá lugar el reposo de los muertos y cuándo llegará el nuevo mundo?».

Él les respondió: «Lo que estáis esperando ya ha llegado, pero no lo sabéis reconocer».

52. Sus discípulos le dijeron: «24 profetas han hablado de ti en Israel».

El les dijo: «Habéis apartado a un lado al Viviente que está ante vosotros y habéis hablado solo de los muertos».

53. Sus discípulos le dijeron: «¿Es útil la circuncisión o no?».

Y él les contestó: «Si fuese útil, los padres engendrarían a sus hijos circuncisos en el seno de sus madres. No obstante, la verdadera circuncisión en espíritu es útil en todos los aspectos».

54. Jesús dijo: «Bienaventurados los pobres, porque suyo es el reino de los cielos».

55. Jesús dijo: «Quien no odie a su padre y a su madre, no podrá ser mi discípulo. Y quien no odie a sus hermanos y hermanas y no cargue con su cruz como yo hago, no será digno de mí».

56. Jesús dijo: «Quien haya entendido lo que es el mundo, ha descubierto un cadáver. Y quien haya descubierto un cadáver, no es digno el mundo de él».

57. Jesús dijo: «El Reino del Padre se parece a un hombre que tenía una [buena] semilla. De noche llegó su enemigo y sembró cizaña entre ella. Este hombre no dejó que los jornaleros arrancasen la cizaña, sino que les dijo: *Quizá, al arrancar la cizaña, arranquéis también el trigo con ella.* Porque en el momento de la siega será más fácil ver los hierbajos y así podréis arrancarlos y quemarlos».

58. Jesús dijo: «Bienaventurado el que ha sufrido, pues éste ha encontrado la vida».

59. Jesús dijo: «Mirad al Viviente mientras estáis vivos, no sea que cuando muráis queráis contemplarlo y no podáis».

60. Vio a un samaritano que llevaba un cordero mientras se dirigía a Judea y dijo a sus discípulos: «¿Por qué lleva éste un cordero?» Ellos le dijeron: «para matarlo y comérselo». Y les dijo: «No se lo comerá mientras esté vivo, sino sólo después de haberlo matado y de que se haya convertido en un cadáver».

Ellos dijeron: «No podrá hacerlo de otra manera».

El dijo: «Vosotros buscaos un lugar donde reposar para no convertiros en cadáveres y seáis también devorados».

61. Jesús dijo: «Dos descansarán sobre un mismo lecho: uno morirá, el otro vivirá».

Salomé dijo: «¿Quién eres tú?, ¿y de quién eres hijo? Te has recostado en mi lecho y has comido de mi mesa, como si hubieras venido de alguien».

Jesús le dijo: «Yo procedo de aquel que es idéntico a mí; he participado de las cosas de mi Padre».

(Salomé dijo): «Yo soy tu discípula».

(Jesús le dijo): «Por eso es por lo que digo que si uno ha llegado a ser completo, se llenará de luz; pero en cuanto se desintegre, se inundará de tinieblas».

62. Jesús dijo: «Yo revelo mis misterios [a los que son dignos] de ellos. No dejes que lo que hace tu mano derecha lo sepa tu mano izquierda».

63. Jesús dijo: «Había un hombre rico que tenía una gran fortuna, y dijo: *Voy a emplear mi fortuna en sembrar, cosechar, plantar y llenar mis graneros de frutos de modo que no me falte de nada.* Esto es lo que pensaba en su corazón; pero aquella misma noche se murió. ¡El que tenga oídos, que oiga!».

64. Jesús dijo: «Cierto hombre tenía invitados. Y cuando la cena estuvo lista, mandó al criado que los avisara.

»El criado fue al primero y le dijo: *Mi señor te invita.* Él respondió: *Unos comerciantes me deben dinero y van a venir a verme esta tarde. Debo ir a darles instrucciones, pido excusas por no poder asistir a la cena.*

»El criado fue a otro invitado y le dijo: *Estás invitado por mi señor.* Él le dijo: *He comprado una casa y tengo que ausentarme por un día; no tengo tiempo.*

»El criado fue aún a otro y le dijo: *Mi señor te invita.* Y él le dijo: *Un amigo mío se va a casar y tendré que preparar la fiesta. No podré ir; por favor, dispénseme de la cena.*

»El criado se acerco a otro y le dijo: *Mi señor te invita.* Éste replicó: *He comprado una granja y tengo que ir cobrar la renta; así que no podré ir, discúlpeme.*

»El criado volvió y dijo a su señor: *Los que invitaste a la cena se han disculpado y no podrán venir.* Dijo el señor a su criado: *Sal a las calles, trae a todos los que encuentres para que participen en mi cena. Los mercaderes y comerciantes no entrarán en el Reino de mi Padre».*

65. El dijo: «Un […] hombre poseía un viñedo y se lo alquiló a unos viñadores para que lo trabajaran y así le entregaran luego el fruto. Envió, pues, a un criado para que éstos le entregaran la cosecha del viñedo. Pero, en lugar de eso, ellos prendieron al criado y le dieron golpes hasta dejarlo casi muerto. Así que el criado volvió y se lo contó a su señor, quien dijo: *Tal vez no te han reconocido.* Y envió otro criado. También éste fue golpeado por los viñadores. Entonces envió a su propio hijo, diciendo *¡Quizá muestren algo de respeto por mi hijo!* Pero cuando los viñadores supieron que aquél era el que heredaría la viña, le atraparon y le mataron. ¡El que tenga oídos, que oiga!».

66. Jesús dijo: «Mostradme la piedra que han rechazado los albañiles; ésa es la piedra angular».

67. Jesús dijo: «Quien tenga el conocimiento de todo, pero no se conozca a sí mismo, falla en todo».

68. Jesús dijo: «Bienaventurados vosotros cuando se os odie y se os persiga, mientras que no se encontrará ningún lugar allí donde vosotros habéis sido perseguidos».

69. Jesús dijo: «Bienaventurados los que han sido perseguidos en su corazón: ellos conocen al Padre de verdad».

«Bienaventurados los que tienen hambre, pues el estómago de los hambrientos se saciará».

70. Jesús dijo: «Si sacáis lo que está dentro de vosotros, lo que tenéis os salvará. Si no tenéis esto en vuestro interior, lo que no tenéis dentro de vosotros os matará».

71. Jesús dijo: «destruiré [esta] casa y nadie podrá reedificarla [...]».

72. Un [hombre le dijo]: «Di a mis hermanos que repartan conmigo los bienes de mi padre».

El contestó: «Señor, ¿quién ha hecho de mí un repartidor?»

Y se dirigió a sus discípulos y les dijo: «¿Soy yo una persona que reparte?».

73. Jesús dijo: «La mies es mucha, pero los obreros son pocos. Rogad, pues, al Señor que envíe más obreros para la cosecha».

74. Él dijo: «Señor, hay muchos alrededor del pozo, pero no hay nadie dentro del pozo».

75. Jesús dijo: «Muchos están al lado de la puerta, pero son los solitarios los que entrarán en la cámara nupcial».

76. Jesús dijo: «El reino del Padre es semejante a un comerciante que tenía una provisión de mercancías y encontró una perla. Este comerciante era sabio, pues vendió sus mercancías y compró aquella perla única.

»También vosotros debéis buscar el tesoro que no perece, allí donde no entran ni polillas para comerlo ni gusano para destruirlo».

77. Jesús dijo: «Yo soy la luz que está sobre todos ellos. Yo soy el universo: el universo ha salió de mí y ha llegado hasta mí.

»Partid un trozo de madera y allí estoy yo.

»Levantad una piedra y allí me hallaréis».

78. Jesús dijo: «¿Para qué habéis salido al campo? ¿Para ver una caña sacudida por el viento? ¿Fuisteis a ver a un hombre vestido con ropas caras? Observad a vuestros reyes y personas importantes: ellos son los que llevan ropas caras, pero no podrán reconocer la verdad».

79. Una mujer de entre la multitud le dijo: «Dichoso el vientre que te llevó y los pechos que te amamantaron».

Él le contestó: «Bienaventurados aquellos que han escuchado la palabra del Padre y la han guardado de verdad. Porque vendrán días en que diréis: *Bendito el vientre que no concibió y los pechos que no amamantaron*».

80. Jesús dijo: «Todo aquel que ha conocido el mundo ha encontrado el cuerpo. Pero aquel que ha encontrado el cuerpo, el mundo no es digno de él».

81. Jesús dijo: «Quien sea rico, que sea rey. Y quien tenga poder, que renuncie a él».

82. Jesús dijo: «Quien esté cerca de mí, está cerca del fuego. Y quien esté lejos de mí, está lejos del Reino».

83. Jesús dijo: «Las imágenes se hacen visibles al hombre, pero la luz que hay en ellas está latente en la imagen de luz del Padre. Él se manifestará, pero su imagen quedará eclipsada por su luz».

84. Jesús dijo: «Cuando contempláis vuestras imágenes os alegráis, pero cuando veáis vuestras propias imágenes delante de vosotros imperecederas e invisibles, ¿cuánto seréis capaces de aguantar?».

85. Jesús dijo: «Adán existió gracias a un gran poder y a una gran riqueza, pero no llego a ser digno de vosotros, pues si hubiera sido digno no habría hallado la muerte».

86. Jesús dijo: «Las zorras tienen guarida y los pájaros del cielo nido, mas el Hijo del Hombre no tiene donde reclinar su cabeza.».

87. Jesús dijo: «Despreciable el cuerpo que depende de otro cuerpo, y despreciable es el alma que depende de ambos».

88. Jesús dijo: «Los ángeles y los profetas vendrán a vosotros y os darán lo que es vuestro. Dadles también vosotros lo que tenéis, y decíos a vosotros mismos: *¿Cuándo vendrán ellos a tomar lo que es suyo?*».

89. Jesús dijo: «¿Por qué laváis la parte de fuera del vaso? ¿No comprendéis que aquel que hizo la parte de dentro hizo también la parte de fuera?».

90. Jesús dijo: «Venid a mí, pues mi carga es ligera y mi dominio suave. En mí encontraréis descanso para vosotros».

91. Ellos le dijeron: «Dinos quién eres, para que creamos en ti».

Él les dijo: «Observáis el aspecto del cielo y de la tierra, pero no sois capaces de reconocer al que está delante de vosotros ni de distinguir este momento».

92. Jesús dijo: «Buscad y encontraréis.

»Pero aquello que me preguntabais en el pasado y yo no os daba respuesta, quisiera responderlo ahora, aunque ahora no me preguntáis».

93. Jesús dijo: «No echéis lo santo a los perros, pues pueden echarlo a la basura, no arrojéis las perlas [a] los cerdos, para que no las destrocen».

94. Jesús [dijo]: «Quien busca encontrará, y [al que llama] se le abrirá».

95. [Jesús dijo]: «Si tenéis dinero, no lo prestéis con interés, sino dádselo a alguien que no os lo vaya a devolver».

96. Jesús [dijo]: «El reino del Padre es como una mujer que tomó un poco de levadura, la [puso] en la masa e hizo con ella grandes hogazas de pan. Quien tenga oídos, que oiga».

97. Jesús dijo: «El reino [del Padre] se parece a una mujer que transportaba una vasija llena de harina. Mientras iba por un camino lejano, se rompió el asa y la harina se fue derramando tras ella por el camino. Ella no se dio cuenta del problema y cuando llegó a su casa encontró el recipiente vacío».

98. Jesús dijo: «El reino del Padre se parece a un hombre cuyo deseo es matar a una persona fuerte y poderosa. Sacó su espada en casa y la clavó en la pared para ver si tenía fuerza en la mano. Después mató a la persona fuerte y poderosa».

99. Los discípulos le dijeron: «Tus hermanos y tu madre están afuera».

El les dijo: «Los que están aquí presentes que hacen la voluntad de mi Padre, éstos son mis hermanos y mi madre; ellos son los que entrarán en el reino de mi Padre».

100. Le mostraron a Jesús una moneda de oro y le dijeron: «las personas del César nos exigen que paguemos los impuestos».

Él les dijo: «Dad al César lo que es de César y a Dios lo que es de Dios y dadme a mí lo que es mío».

101. Jesús dijo: «El que no odie a su padre y a su madre como yo, no podrá ser mi [discípulo; y quien [no] ame a su [padre y] a su madre como yo, no podrá ser mi [discípulo]; pues mi madre […], pero mi verdadera [madre] me ha dado la vida».

102. Jesús dijo: «Ay de los fariseos, pues son como un perro echado sobre un pesebre de vacas: ni come él, ni [deja] comer a las vacas».

103. Jesús dijo: «Bienaventurados los hombres que saben por dónde van a entrar los ladrones, pues pueden ponerse en movimiento, reunir sus bienes y prepararse para la acción antes de que lleguen los ladrones».

104. Le dijeron: «Ven, vamos a rezar y a ayunar».

Respondió Jesús: «¿Qué pecado he cometido, o en qué he sido vencido? Cuando el novio abandone la cámara nupcial, que entonces ayunen y oren».

105. Jesús dijo: «Quien conozca al padre y a la madre, será llamado hijo de una ramera».

106. Jesús dijo: «Cuando hagáis de dos cosas una sola, os convertiréis en hijos del hombre; y si decís: *¡Montaña, muévete de aquí!*, se moverá».

107. Jesús dijo: «El Reino es semejante a un pastor que poseía cien ovejas. Una de ellas, la más grande, se perdió. Entonces el pastor dejó abandonadas a las noventa y nueve y se fue a buscar a ésta hasta que la encontró. Después dijo a la oveja: *Te amo más que a las noventa y nueve*».

108. Jesús dijo: «Todo aquel que beba de mi boca, será como yo, y yo mismo me convertiré en él, y lo que está oculto se le revelará».

109. Jesús dijo: «El Reino se parece a un hombre que tenía escondido un tesoro en su campo y no lo sabía. Al morir dejó el campo en herencia a su hijo, el cual tampoco lo sabía, pero tomó el campo y lo vendió. Vino, entonces, el comprador y, arando, encontró el tesoro. Entonces comenzó a prestar dinero con intereses a quienes le pareció».

110. Jesús dijo: «Aquel que encuentre el mundo y se haga rico, ¡que renuncie al mundo!».

111. Jesús dijo: «Los cielos y la tierra serán arrollados en presencia vuestra, pero todo el que vive del Viviente, no conocerá muerte.

¿No dijo Jesús: quien se encuentra a sí mismo, el mundo no es digno de él?».

112. Jesús dijo: «¡Ay de la carne que depende del alma! ¡Ay del alma que depende de la carne!».

113. Sus discípulos le dijeron: «¿Cuándo vendrá el Reino?».

«No vendrá por que sea esperado. No dirán: *¡Miradlo aquí!* o *¡miradlo allá!*, sino que el reino del Padre está por toda la tierra y los hombres no lo ven».

114. Simón Pedro les dijo: «Haced que María se aleje de nosotros, pues las mujeres no son dignas de la vida».

Jesús dijo: «Mira, yo me encargaré de hacerla un varón, para que ella pueda convertirse en un espíritu viviente como vosotros los hombres, pues toda mujer que se haga varón, entrará en el reino del Cielo».

COLECCIÓN SABIDURÍA ESENCIAL

A LOS PIES DEL MAESTRO, *Krishnamurti*

LUZ EN EL SENDERO, *Mabel Collins*

LOS SUEÑOS, *C. W.Leadbeater*

DHAMMAPADA, LAS ENSEÑANZAS DE
 BUDA, *Buda*

TAO TE KING, *Lao Tse*

A LOS QUE LLORAN LA MUERTE DE
 UN SER QUERIDO, *C. W.Leadbeater*

EL EVANGELIO GNÓSTICO DE TOMAS